RÉPUBLIQUE FRANÇAISE.

MINISTÈRE DE LA GUERRE

CAHIER DES CHARGES DU 6 AOUT 1900

POUR LA

FOURNITURE DES CONSERVES DE VIANDES

FRANÇAISES OU COLONIALES

(Extrait du *Bulletin officiel*, partie supplémentaire, année 1900.)

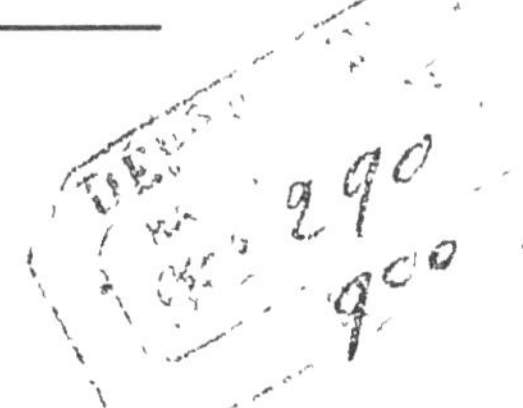

PARIS

HENRI CHARLES-LAVAUZELLE

Éditeur militaire

10, Rue Danton, Boulevard Saint-Germain, 118

(MÊME MAISON A LIMOGES)

BULLETIN OFFICIEL
DU MINISTÈRE DE LA GUERRE.

PARTIE SUPPLÉMENTAIRE.

Année 1900.

Direction de l'Intendance militaire; Bureau des Vivres. — N° 177.

Cahier des charges pour la fourniture des conserves de viandes françaises ou coloniales.

> **Documents abrogés :** *Cahiers des charges des 2 septembre 1899 et 19 janvier 1900, pour la fourniture des conserves de viande.*

Paris, le 6 août 1900.

Objet de la fourniture.

Art. 1er. Les conserves à fournir doivent être fabriquées, savoir :

Soit en France, avec du bétail indigène provenant de la France européenne;

Soit en Algérie ou Tunisie, avec du bétail algérien ou tunisien; soit dans les autres colonies françaises avec du bétail provenant du pays où se trouve située l'usine, l'emploi de tout bétail importé, quelle qu'en soit la provenance, étant formellement interdit.

Toutefois, les fournisseurs établis en France, pourront employer du bétail algérien ou tunisien, sous la réserve d'en faire la déclaration au sous-intendant militaire avant le commencement de la fabrication et de justifier de son origine par la production des pièces de transport et de certificats des municipalités des ports d'embarquement ou des agents qui ont qualité pour délivrer ces certificats.

Le prix du marché, qui est toujours indiqué pour une fabrication ne comportant que du bétail indigène, provenant de la France européenne, subira, dans ce cas, une réduction déterminée, avant l'adjudication, par le Ministre.

Les conserves fabriquées en France doivent être présentées

à la réception et livrées dans l'un des établissements militaires indiqués au tableau annexé au présent cahier des charges (annexe nº 1); celles fabriquées en Algérie ou en Tunisie dans la place du service des vivres en gestion directe (Algérie et Tunisie) la plus rapprochée de l'usine de fabrication. La place unique de réception et de livraison est indiquée dans la soumission.

Les conserves coloniales seront présentées à la réception et livrées, moitié au magasin du service des vivres de Billancourt et moitié à la manutention militaire de Marseille.

Les soumissionnaires doivent être, au moment de l'adjudication, propriétaires ou locataires des usines nécessaires.

Ces usines devront remplir les conditions d'installation prévues aux articles 2 et 6 ci-après. A cet effet une commission composée du sous-intendant, d'un officier du génie et d'un vétérinaire militaire, visitera l'usine dans le mois précédant l'adjudication et dressera un procès-verbal de constat, d'après lequel l'intendant directeur du corps d'armée proposera l'acceptation ou l'exclusion de l'usine. (Cette disposition n'est pas applicable aux usines de la Nouvelle-Calédonie et de Madagascar.)

L'industriel ayant l'intention de soumissionner devra en conséquence prévenir ce haut fonctionnaire dès l'annonce de l'adjudication.

Il devra être informé de la décision prise à son égard par le Ministre, au moins 5 jours avant cette date. Cette décision pourra limiter le maximum de lots que l'industriel peut produire d'après l'outillage dont dispose l'usine visitée par la commission.

La fourniture est divisée en lots de 100 quintaux métriques ou 10.000 boîtes du poids net d'un kilogramme.

Nul ne peut être adjudicataire de moins d'un lot, ni de plus de dix lots ou 1.000 quintaux au premier concours; toutefois, pour les conserves coloniales, le maximum correspond, pour chaque colonie, à la totalité de la fourniture attribuée à cette colonie. Au deuxième concours et, le cas échéant, au concours de quarante-huit heures, un même soumissionnaire pourra être déclaré adjudicataire d'un nombre quelconque de lots et même de la totalité des lots restant à adjuger, sans que, bien entendu, le maximum fixé pour les conserves coloniales et provenant d'Algérie-Tunisie sur l'ensemble de la fourniture puisse être dépassé.

Le nombre de lots à fournir, l'usine de fabrication et l'établissement militaire choisi par le fournisseur comme lieu de réception et de livraison, sont indiqués dans la soumission (annexe nº 2).

En aucun cas la soumission ne pourra indiquer plus de lots que l'industriel n'a été reconnu en pouvoir fabriquer. Si un chiffre supérieur à ce maximum était indiqué, il serait réduit d'office par la commission d'adjudication.

Indications générales relatives aux produits.

Art. 2. *Définition de la conserve.* — La conserve doit être le produit intégral de la cuisson de la viande fraîche employée à sa préparation et renfermer tous les éléments constitutifs de cette viande, à l'exception des os, des tendons, des pelotes ou masses graisseuses apparentes, des écumes du bouillon et d'une certaine proportion d'eau, éliminés au cours de la fabrication.

Viande à employer. — La viande à employer est celle de bœuf, de vache ou de taureau, sans que la proportion en poids des viandes abattues de vache et de taureau réunies puisse être de plus de moitié.

La viande doit être salubre et provenir d'animaux bien en chair convenablement gras sans excès (1) et dans l'âge adulte, c'est-à-dire entre 3 et 8 ans pour les bœufs et vaches, entre 3 et 5 ans pour les taureaux. Pour les conserves coloniales, la limite pour l'âge des taureaux est fixée entre 3 et 4 ans.

La constatation de la qualité des animaux avant, pendant et après l'abatage, est faite comme il est dit à l'article 6 ci-après.

Le fournisseur n'est pas obligé d'employer à la fabrication le morceau d'aloyau tel qu'il est ordinairement composé, c'est-à-dire comprenant le filet, le faux-filet, le rumsteack et les deux premières côtes, dites « côtes d'aloyau ». Cette faculté n'est pas admise pour les conserves coloniales.

Sont obligatoirement exclus de la fabrication : les abats, la tête et les joues, la salière, la jambe et le jarret coupés à dix centimètres au-dessus de l'extrémité inférieure du tibia ou du radius (2). La langue et le collier proprement dit, c'est-à-dire les morceaux dénommés dans le commerce « veine grasse » et « veine maigre », ne sont pas exclus de la fabrication.

Fabrication. — Les adjudicataires doivent réaliser dans leurs usines toutes les conditions d'aménagement et d'outillage destinées à faciliter la surveillance sanitaire des animaux à abattre, aussi bien que la commodité et la propreté de la fabrication.

Dans toute usine il y aura une écurie pour la mise en observation des animaux; cette écurie doit être non seulement séparée, mais distante du local où se pratique l'abatage. Aux colonies, toute usine comportera un petit paddock avec une coulisse pour permettre d'y examiner celui ou ceux des animaux à observer. Ce paddock sera non seulement séparé, mais distant du local où se pratique l'abatage.

---

(1) Ce type de viande correspond à la deuxième qualité du commerce de la boucherie de Paris. En province, il tient à peu près le milieu entre la première et la deuxième qualité.

(2) Si ces os ne sont pas sciés, la chair musculaire doit être soigneusement dégagée des tendons; ceux-ci, restant adhérents à l'os, seront sectionnés à dix centimètres au-dessus du point où ils s'insèrent sur le squelette.

A défaut de tuerie attenante à l'usine, mais distincte des autres locaux, l'abat des animaux et l'habillage de la viande pourront avoir lieu à l'abattoir municipal. Si cet abattoir municipal est éloigné de plus de 2 kilomètres de l'usine, l'organisation d'une tuerie attenante à celle-ci sera obligatoire.

Enfin, un local spécial et isolé sera aménagé pour recevoir les déchets.

Tous les locaux seront disposés de telle sorte que la plus grande propreté y puisse être facilement entretenue: l'eau y sera abondante, le sol cimenté et pourvu de la pente, des rigoles et des canivaux nécessaires à l'écoulement continu des eaux de lavage.

Tous les locaux seront pourvus de moyens commodes et bien à portée du personnel pour la suspension des outils ou objets servant à l'exploitation (1).

Les ustensiles portatifs employés à la manutention des viandes crues ou cuites seront entièrement métalliques (tôle d'acier ou treillage galvanisés), de façon à se prêter à un nettoyage journellement pratiqué. Les paniers ou corbeilles en osier, les récipients en bois, ne doivent pas être utilisés.

Les appareils de cuivre servant à la cuisson des viandes et au traitement du bouillon seront étamés à *l'etain fin* et maintenus en parfait état d'entretien.

Les bassines en fonte malléable ou en tôle d'acier, ainsi que les appareils de cette nature destinés à la cuisson à la vapeur, pourront ne pas être étamés. Dans ce cas. ils devront être lavés à l'eau bouillante additionnée de carbonate de soude ou purifiés par afflux de vapeur après chaque cuisson. En aucun cas, les autoclaves ne devront servir à la cuisson des viandes.

L'atelier d'emplissage des boîtes doit être pourvu de robinets pour le nettoyage et le rinçage de ces récipients avant l'introduction de la viande. Ce lavage sera effectué au moyen d'eau filtrée ou bouillie, sous le robinet et non dans un bac.

Les adjudicataires doivent se conformer strictement à toutes les mesures capables d'assurer la parfaite propreté de la fabrication. Toutes les opérations, surtout celles qui comportent la manutention des viandes, doivent être rigoureusement pratiquées dans des locaux *propres*, avec un outillage *propre* et par des ouvriers *propres*.

La propreté des locaux sera obtenue, non par le balayage, mais par le lavage à grande eau du sol et des parois. L'emploi d'antiseptiques est interdit pour le lavage des locaux et du matériel.

Les ouvriers doivent être astreints à la plus grande propreté corporelle et à de fréquents nettoyages des mains; ils seront toujours pourvus de vêtements de travail propres, changés chaque jour.

---

(1) Pour le refroidissement, les demi-bœufs ou quartiers seront suspendus et suffisamment espacés pour ne pas arriver au contact.

Une discipline hygiénique sévère doit être maintenue dans les ateliers.

Les déchets de la fabrication ne doivent jamais séjourner dans les parties de l'usine affectées au traitement des viandes.

Ils devront être enlevés tous les jours ou déposés dans un local isolé.

La fabrication de la conserve comporte les opérations principales ci-après, qui sont obligatoires :

Traitement de la viande crue. — La viande est complètement désossée, dégraissée d'une façon aussi parfaite que possible, débarrassée des parties tendineuses, puis coupée en morceaux du poids de 500 grammes au maximum. Elle ne devra jamais avoir moins de huit heures ni plus de douze heures d'abatage au moment de son traitement.

Cuisson préliminaire ou blanchiment. — Cette première cuisson, qui doit être suffisamment prolongée pour que la viande soit bouillie à cœur, a pour résultat de faire perdre à la viande une partie de son eau de constitution, et par là de diminuer son poids initial de 45 p. 100 environ.

Aux colonies, en Algérie ou en Tunisie, les viandes devront être mises au blanchiment avant 10 heures du matin. Il ne devra pas s'écouler plus de deux heures entre la fin du blanchiment et le commencement de la mise en boîtes.(1).

Après la cuisson, les viandes seront égouttées sur des claies métalliques et refroidies pendant au moins deux heures dans une salle fraîche et bien ventilée ; pendant ce temps de l'opération, elles perdent par évaporation une proportion d'eau variable de 3 à 6 p. 100 de leur poids, condition favorable à la prise en gelée du bouillon après stérilisation. Les viandes refroidies sont soumises à une revision et à un nouveau parage avant d'être mises en boîtes. Il est prudent de répartir les morceaux de façon à uniformiser autant que possible la composition des boîtes ; la consistance de la gelée n'est assurée qu'à cette condition. L'emploi d'une presse à main pour l'emboîtage est à recommander ; la viande est ainsi refoulée au fond de la boîte, ce qui rend à la fois plus rapide et plus facile l'addition du bouillon concentré.

Concentration du bouillon. — Le bouillon provenant du blanchiment ou le jus rendu par la viande pendant cette opération est concentré par évaporation, de telle façon que la totalité de ce bouillon ou de ce jus, complètement dégraissé et filtré sur des chausses de flanelle, trouve place dans les boîtes en même temps que la viande blanchie.

---

(1) Le blanchiment à la vapeur est le plus recommandable, parce qu'il donne de meilleurs résultats que le blanchiment à l'eau : l'opération est plus rapide : les bouillons sont plus limpides et moins colorés ; la viande garde plus de consistance et de saveur.

La concentration du bouillon doit être conduite jusqu'à ce qu'il pèse au minimum 8° Beaumé à la température de 15° (1).

En outre, le bouillon doit être concentré et entièrement utilisé (jusque et y compris la stérilisation des boites) le jour même de sa préparation : il ne sera jamais conservé jusqu'au lendemain. En principe, il ne s'écoulera pas plus de six heures entre la fin du blanchiment et le versage du bouillon. Si un cas de force majeure ne permet pas d'emboîter tout le bouillon préparé dans la journée de travail, ce liquide sera conservé jusqu'au lendemain matin au plus tard, par refroidissement dans un courant d'eau très froide ou dans de la glace (2).

Afin de donner plus de consistance à la gelée, il est permis d'ajouter au bouillon concentré le produit de la cuisson dans l'eau des parties tendineuses éliminées de la viande avant le blanchiment. La gélatine tirée des os et des pieds ne doit pas entrer dans la fabrication de la conserve.

Si le bouillon qui s'écoule des boîtes au moment de l'emplissage est recueilli, il ne pourra être utilisé qu'après avoir été recuit.

Cuisson définitive. — Stérilisation. — Les boîtes remplies de viande blanchie et de bouillon concentré sont fermées et éprouvées au point de vue de leur étanchéité dans un bain d'eau à 80°.

Elles sont ensuite stérilisées à l'autoclave dans les conditions spécifiées ci-dessous ; enfin, vingt-quatre heures après cette cuisson définitive, soumises à une seconde épreuve d'étanchéité.

Les deux épreuves d'étanchéité sont obligatoires ; mais, après constatation contradictoire, l'administration admettra tout autre mode que celui indiqué, à la condition qu'il ait lieu sur les boîtes à une température supérieure à 30 degrés, de façon que la gélatine soit liquide.

Toutes les opérations de la mise en boîtes, de la fermeture, de l'épreuve d'étanchéité et de la stérilisation doivent se succéder sans interruption au cours de la même journée ; en aucun cas, il ne s'écoulera plus de quatre heures entre la fermeture des boîtes et leur stérilisation.

La stérilisation est effectuée dans des autoclaves à eau, timbrés au minimum au degré légal.

---

(1) La concentration dans le vide et à une température voisine de 100 degrés est le procédé le plus recommandable ; il diminue considérablement la durée de l'opération sans compromettre la prise ultérieure en gelée.

(2) Aux colonies, en Algérie et en Tunisie, aussitôt après le blanchiment le bouillon sera refroidi à la température d'environ 10 degrés centigrades, au moyen d'un appareil réfrigérant. Il sera alors écumé, dégraissé, filtré, et, une fois clarifié, on le décantera pour le soumettre à la concentration. Après cette opération, on devra verser le bouillon encore fumant dans les boîtes, c'est-à-dire quand il sera encore à environ 60 degrés centigrades. Elles seront immédiatement fermées et soudées pour éviter tout risque d'altération.

La stérilisation doit être rigoureusement faite à une température oscillant entre 118 et 120 degrés centigrades pendant un laps de temps de 2 heures, décompté à partir du moment où le monomètre-indicateur a marqué la température de 120 degrés (1).

Les boîtes reconnues fuitées après la stérilisation devront être immédiatement poinçonnées de la lettre F, de 1 centimètre de hauteur, sur le fond à indication du couvercle.

Le nombre de boîtes fuitées sera indiqué sur le registre de fabrication; les boîtes devront être enlevées des locaux de préparation dans un délai de 48 heures. Le réemploi des boîtes fuitées sera taxé de fraude et pourra entraîner la résiliation du marché sans préjudice des poursuites qui pourraient être exercées.

Poids de la conserve. — Le poids normal net d'une boîte de conserve est de 1 kilogramme dont 800 grammes de viande cuite et 200 grammes de bouillon concentré et de graisse fondue (2). Le poids de cette graisse ne doit pas excéder 60 grammes par boîte.

Une tolérance de 25 grammes en moins sur le poids de la conserve complète est admise, mais donne lieu à une diminution de prix proportionnelle aux manquants.

Le fournisseur ne peut prétendre à aucune majoration du prix d'achat si le poids moyen de la conserve est supérieur à 1 kilogramme (voir annexe n° 3).

Qualité de la conserve. — La conserve ne contient ni sel, ni légumes, ni assaisonnement, ni matière colorante étrangère, ni condiment quelconque; il ne doit entrer dans sa préparation aucun antiseptique.

La viande doit être cuite à point sans exagération et de telle sorte que l'on puisse à l'état froid séparer les uns des autres, sans

----

(1) Chaque autoclave devra être pourvu d'un thermomanomètre enregistreur inscrivant la courbe thermique de chaque opération. Cet appareil sera fermé à clef et scellé par un cachet que, seul, le sous-intendant militaire au son délégué pourra rompre.

Le thermomanomètre enregistreur devra marcher pendant 7 jours au moins. Une longueur de un centimètre au minimum devra correspondre, sur le graphique de cet appareil, à la durée complète d'une stérilisation à l'autoclave et une hauteur de 3 centimètres au minimum devra séparer l'horizontale de 120 degrés (1 kilogramme d'excès de pression), de celle de 100 degrés (0 kilogramme).

Les graphiques cotés et paraphés par le sous-intendant militaire seront présentés à son visa après chaque semaine. Il pourra inscrire sur ces graphiques les observations critiques auxquelles aurait donné lieu la marche des stérilisations.

Il est recommandé de contrôler plusieurs fois, au cours de chaque campagne de fabrication, l'exactitude des indications du thermomanomètre au moyen de thermomètres à maxima.

(2) Le bouillon de blanchiment n'étant concentré qu'après avoir été écumé et dégraissé, la graisse en question doit donc provenir uniquement des tissus graisseux intersticiels, qui ont achevé de se vider pendant la stérilisation à l'autoclave.

les déchiqueter, les morceaux extraits d'une boîte ouverte et vidée comme il est dit à l'annexe n° 3.

Après sa prise en gelée, le bouillon ne doit entrer en liquéfaction qu'à une température supérieure à dix-huit degrés centigrades. À l'état solide il doit présenter l'aspect d'une gelée limpide de couleur ambrée plus ou moins foncée. Le bouillon trouble, noirâtre ou rougeâtre, que l'on remarque parfois dans les conserves, et qui est l'indice d'une fabrication peu soignée, est une cause de rejet.

Le bouillon doit fournir un extrait ayant les caractères d'un extrait de viande normal et donner à l'analyse les résultats minima suivants :

Extrait sec, à 101°, 103°, 12 grammes pour 100 grammes ;
Matières minérales, 1,30 p. 100 ;
Principes solubles dans l'alcool à 80 degrés centésimaux, 5 pour 100 grammes.

Les conserves doivent être rigoureusement stérilisées, c'est-à-dire ne contenir aucun germe revivifiable.

La viande ne doit présenter aucune trace d'altération survenue au cours de la fabrication par le fait des germes microbiens qui auraient pu s'y développer.

Enfin, les conserves doivent avoir bonne odeur, bon goût et réunir toutes les conditions d'un aliment sain, digestible et nutritif.

Durée de conservation des conserves. — Délai de garantie.

Art. 3. Le fournisseur est responsable de la conservation pendant dix-huit mois comptant du jour de la réception définitive. Les boîtes avariées pendant ce délai, par le vice propre de la chose, sont remboursées par le fournisseur au prix de son marché, augmenté des droit d'octroi, s'il y a lieu, et des frais de transport du lieu de livraison au magasin dans lequel l'avarie a été constatée. (Voir art. 12.) Le remplacement en nature ne sera jamais autorisé pour les boîtes avariées pendant la durée du délai de garantie de dix-huit mois.

Cette responsabilité est limitée aux avaries survenues dans les magasins de réception, ainsi que dans les magasins sédentaires de l'administration sur lesquels les conserves auraient été successivement expédiées.

Les avaries sont constatées par des procès-verbaux dressés par le sous-intendant militaire, en présence de l'officier d'administration comptable et du fournisseur ou de son délégué préalablement avisés. Si le fournisseur (ou son délégué) déclare par écrit, en réponse à la convocation qui lui a été adressée, s'en rapporter à la décision de l'administration militaire, un notable idoine ne sera pas désigné d'office pour le remplacer.

Cette disposition sera portée à la connaissance des intéressés lors des convocations qui devraient leur être adressées, et ce n'est que dans le cas où ils ne répondraient pas à l'avis, ou bien dans le cas où ils exigeraient la désignation d'un représentant, qu'un notable idoine sera désigné pour assister, contradictoirement avec les représentants de l'administration militaire, à l'examen des conserves de viande présumées avariées.

Le remboursement des boîtes reconnues avariées avant l'expiration du délai de garantie doit être effectué dans le délai maximum de deux mois à compter du jour de la notification faite au fournisseur par le sous-intendant militaire rapporteur, constatant l'avarie mise à sa charge.

Le fournisseur doit accuser réception de cette notification dans un délai de cinq jours.

Récipients.

Art. 4. Les viandes de conserve sont enfermées dans des boîtes de la forme dite Rognon (1).

La boîte Rognon se compose d'un fût et de deux fonds et se présente sous la forme d'un cylindre aplati d'un côté ; elle est fabriquée en fer-blanc neuf, de provenance française, étamé à l'étain fin (2). Il sera exigé des fournisseurs leur propre certification écrite ainsi que celle de leurs fournisseurs de métal affirmant la provenance française du fer-blanc des boîtes.

La force du fer-blanc des boîtes, mesurée avec la jauge Palmer, peut varier, pour le fût ou corps de la boîte, de 37 à 40 centièmes de millimètre, et pour les fonds de 35 à 37 centièmes de millimètre.

La contenance des boîtes est de un kilogramme, en matière comestible, poids net de tare. Le poids net comprend la viande, la graisse et le bouillon ou jus ; le récipient seul constitue la tare.

Le corps de la boîte est serti ou agrafé longitudinalement. Le bourrelet formé par cette opération doit être intérieur à la boîte et se trouver sur une des génératrices des flancs courbes et non sur une des génératrices de la partie bombée ou du méplat. Il est contresoudé extérieurement sur toute sa longueur.

Les deux fonds sont sertis ou agrafés par entrelacement avec le corps de la boîte.

Le seul procédé admis pour assurer l'herméticité est le contresoudage après agrafage ou sertissage simple.

Le contresoudage est obtenu par une soudure continue et exté-

---

(1) L'entrepreneur est tenu d'avoir en réserve un nombre de boîtes vides toutes prêtes, correspondant au vingtième au moins de la quantité totale dont il est adjudicataire.

(2) **A** l'analyse, l'étain fin devra donner :

    Etain pur...................... 98 p. 100 au minimum.
    Impuretés (fer, cuivre et plomb).. 2 p. 100, dont :
        Plomb, 0.6 p. 100, au maximum.
        Le reste, cuivre et fer.

rieure, appliquée sur la rainure des bourrelets formés par le sertissage ou l'agrafage des fonds.

Les soudures extérieures, c'est-à-dire celles qui ne doivent avoir aucun contact avec le contenu des boîtes, peuvent être pratiquées avec une soudure pouvant contenir au maximum 66 p. 100 de plomb et 33 p. 100 d'étain au minimum.

En aucun cas la soudure ayant cette composition ne doit pénétrer à l'intérieur des boîtes sous forme de bavures ou de grains.

Toute soudure intérieure, c'est-à-dire entrant en contact avec re contenu, doit être pratiquée à l'étain fin (1).

Le couvercle des boîtes peut comporter, pour le versage du bouillon, une petite ouverture circulaire qui, après remplissage de la boîte, est fermée par une capsule ronde d'un diamètre de 15^{mm} à 20^{mm} dont les bords sont soudés à plat dans une petite rigole circulaire : dans ce cas cette soudure, quoique extérieure, pouvant accidentellement pénétrer dans l'intérieur de la boîte, sera pratiquée à l'étain fin (1).

Les fonds qui ne comportent pas de capsules de fermeture pourront comporter des moulures ou rosaces.

Dans le cas où un petit trou d'échappement est pratiqué au centre du couvercle, ce trou sera ensuite bouché par une goutte de soudure à l'étain fin ; la partie inférieure du couvercle ou de la capsule devra alors être munie, au-dessous du trou d'échappement, d'une petite patte de fer-blanc, soudée également à l'étain fin.

La boîte Rognon est munie, dans le sens et au milieu de la hauteur, du côté opposé au méplat, d'un passant mobile en fil de fer galvanisé recuit, n° 15, engagé dans une patte en fer-blanc estampée, repliée en deux parties et soudée au corps de la boîte. Ce passant est destiné à donner passage à la courroie d'attache sur le sac du soldat.

Les boîtes sont recouvertes d'une couche de peinture inoffensive, assez épaisse, très siccative et bien adhérente.

Les boîtes portent sur le couvercle une inscription estampée, suffisamment lisible, indiquant :

La nature de la denrée ;
Le lieu de fabrication ;
Le nom du fabricant ;
Le poids net de la boîte ;
Le mois et l'année de la fabrication exprimés en chiffres ; exemple : 3-1901 pour mars (troisième mois de l'année 1901).

En outre, chaque jour du mois sera marqué sur le couvercle par les chiffres de 1 à 31 immédiatement avant la fermeture ; au cas où le fabricant se servirait d'une petite capsule ronde, celle-ci pourra porter la marque du jour, ce qui permettra au fabricant d'en avoir un stock préparé à l'avance.

______

(1) Voir le renvoi 2 de la page 9.

Dimensions.

Boîte Rognon	Hauteur		125 à 130ᵐᵐ

Boîte Rognon	Hauteur		125 à 130mm
	Diamètre mesuré au corps de la boîte.	Le plus grand	115 à 116mm
		Le plus petit	97 à 98mm
	Passant .	Longueur du passant	34mm
		Hauteur du passant	10mm
		Largeur des deux parties repliées de fer-blanc	8mm

Emballage des boîtes de conserves.

Art. 5. Les conserves doivent être livrées renfermées dans des caisses en bois sec et plein, solidement établies, parfaitement closes, à dessus vissé et construites selon le modèle-type.

Le couvercle, le fond et les angles montants sont consolidés par deux traverses larges de 0ᵐ,050 et épaisses de 0ᵐ,015.

Les fournisseurs auront d'ailleurs la faculté de consolider les caisses d'emballage soit par des traverses extérieures, soit par des tasseaux placés dans les angles intérieurs.

Les vis sont à tête ronde, du numéro 23/50, au nombre de six, disposées comme suit : deux à chaque extrémité et une sur chaque long côté, entre les traverses.

L'épaisseur du bois des caisses doit être au moins de 0ᵐ,017 à 0ᵐ,020.

Les boîtes placées debout, sur deux rangs en profondeur, sont, par caisse, au nombre de 48, à raison de six en longueur et de quatre en largeur par rang.

Les dimensions des caisses sont calculées de manière que les boîtes y soient arrimées assez exactement pour ne pouvoir se détériorer par le ballottement soit en cours de transport, soit dans les mouvements de magasin. Pour éviter le choc des boîtes entre elles, les fournisseurs sont autorisés à faire emploi, dans l'emballage, de bandes de carton ou de papier serpentant autour des boîtes de manière à supprimer tout frottement entre les bourrelets.

Les caisses portent extérieurement, sur l'un des côtés, l'indication, à l'encre indélébile et selon le mode abréviatif ci-dessus indiqué pour les boîtes, de la nature et de la provenance des conserves, du type, du nombre et du poids net total des boîtes, du poids brut total, du jour, du mois et de l'année de fabrication.

Marche et surveillance permanente de la fabrication.

Art. 6. Le fournisseur est libre de régler à son gré la marche de la fabrication dans l'intervalle compris entre le 15 septembre inclusivement et le 1ᵉʳ mai exclusivement (entre le 15 mars et le 1ᵉʳ octobre pour les conserves coloniales), sous la condition d'effectuer ses livraisons dans les délais fixés à l'article 7 ci-après. Mais il est toujours tenu de faire connaître, au moins quatre jours à l'avance, au sous-intendant militaire de l'arrondissement dans lequel est située son usine (pour les colonies : au moins trente jours à l'avance au chef des services administratifs de la colonie dans laquelle est située son usine), la date à laquelle le travail devra commencer; il est tenu également d'aviser le même fonctionnaire de la date à laquelle le travail est terminé ou seulement suspendu pour recommencer ultérieurement, et de joindre à cet avis une déclaration des quantités fabriquées pendant la période écoulée.

Le travail de nuit est interdit, sauf autorisation spéciale et pour des motifs urgents.

Les fonctionnaires de l'intendance exercent directement ou au moyen du personnel placé sous leurs ordres ou mis à leur disposition un contrôle permanent sur la fabrication; mais ce contrôle n'atténue en rien la responsabilité de l'entrepreneur.

Un vétérinaire militaire et un officier d'administration des subsistances sont attachés d'une manière permanente à chaque usine pour la surveillance de toutes les opérations de fabrication.

Le vétérinaire militaire est spécialement chargé de la réception des bestiaux sur pied, de l'examen de la viande abattue et généralement de toutes les opérations où la qualité et l'état de la viande employée paraissent devoir être constatés.

L'officier d'administration est chargé d'assurer l'observation des prescriptions du cahier des charges en ce qui concerne les autres opérations de la fabrication.

Le vétérinaire et l'officier d'administration exercent chacun leur contrôle d'une façon indépendante, chacun d'eux correspond directement avec le sous-intendant militaire chargé du contrôle supérieur.

Indépendamment de la surveillance locale, le Ministre prescrira des visites inopinées, effectuées par des délégués techniques, qui lui rendront compte de tous les détails de la fabrication et des défectuosités qu'elle pourrait comporter. Les délégués du Ministre (fonctionnaires du contrôle, etc.) ont libre accès de jour et de nuit dans toutes les parties de l'établissement du fabricant, et dans les locaux destinés à l'abatage.

Les agents de surveillance permanente, aussi bien que ceux du contrôle inopiné, ont le droit de prélever des échantillons de produits au cours de la fabrication ou des boîtes confectionnées depuis plusieurs jours. Ces produits (viande, bouillon ou boîtes pleines) sont remboursés à l'entrepreneur au prix de son marché d'après leur poids net.

Les prélèvements de métal ou de boîtes vides seraient seulement remboursés au delà du poids de 1 kilogramme évalué au même prix que la conserve. Les prélèvements de viande, de bouillon ou de métal inférieur à 1 kilogramme ne donnent lieu à aucune indemnité.

Examen des animaux. — Aucun animal ne peut être employé à la fabrication des conserves s'il n'a d'abord été examiné et observé sur pied par le vétérinaire militaire (1).

Pour permettre cet examen, les animaux seront réunis et maintenus au repos et à la diète dans une écurie spéciale pendant les vingt-quatre heures qui précèdent l'abatage.

L'abatage ne pourra être effectué que dans une tuerie spéciale à l'usine (art. 2). A défaut de tuerie spéciale à l'usine, l'abatage sera effectué à l'abattoir municipal et devra toujours être précédé de l'examen du vétérinaire qui marquera chaque jour d'une estampille les animaux agréés.

Les animaux seront inscrits chaque jour sur un registre spécial d'entrées et de sorties d'après l'ordre de leurs numéros. Ce registre indiquera le sexe et l'âge de l'animal; s'il est refusé par le vétérinaire soit sur pied, soit après abatage, mention en sera faite immédiatement à l'encre rouge.

Pour les animaux reçus, ce même registre indiquera le poids en viande abattue avec la mention d'acceptation.

Ce registre sera coté et paraphé par le sous-intendant et le vétérinaire le signera chaque jour avec ses observations s'il y a lieu, en face de chaque animal reçu ou refusé.

L'administration militaire fournira les diverses marques destinées à l'estampille du vétérinaire.

Examen de la viande abattue. — L'examen et l'admission des animaux sur pied sont complétés par l'examen et l'admission de la viande abattue, effectués de même par le vétérinaire militaire.

---

(1) Aux colonies : par un vétérinaire militaire, qui sera détaché pendant toute la durée de la fabrication. Il résidera en dehors de l'usine. Il visitera le bétail sur pied, le fera marquer sous ses yeux, et le bétail ainsi marqué pourra seul être employé à la fabrication.

L'examen et l'admission des animaux sur pied seront complétés par l'examen et l'admission de la viande abattue et effectués par le vétérinaire.

A cet effet, il assistera à toutes les phases de l'habillage, afin de vérifier sur place l'état des viscères et éliminer les sujets atteints de lésions qui pourraient rendre la viande impropre à la consommation.

Aux colonies, les vaches en état de gestation seront toujours éliminées. Spécialement pour la Nouvelle-Calédonie, il ne sera admis que des vaches castrées au moins depuis six semaines. (Cette opération se fait couramment et sans danger pour les animaux.)

Les quartiers rebutés seront estampillés et ne pourront être repris par le propriétaire qu'avec l'autorisation écrite du vétérinaire, qui sera, en outre, chargé d'assurer la destruction des viandes reconnues dangereuses.

Pour permettre enfin de se rendre complètement compte de toutes les opérations que nécessite la fabrication, le vétérinaire, chargé de la surveillance, sera autorisé à prélever des échantillons qu'il pourra envoyer à l'hôpital militaire le plus voisin pour les faire soumettre aux épreuves analytiques qu'il jugera nécessaires.

Il pourra, du reste, se livrer lui-même à toutes les expériences qu'il croira utiles.

En cas d'empêchement motivé du vétérinaire, l'administration devra le faire suppléer par un médecin militaire.

A cet effet, le vétérinaire militaire assiste à toutes les phases de l'habillage afin de vérifier sur place l'état des viscères et éliminer les sujets atteints d'entérite, de météorisation, de maladies septiques, de pyélo-néphrites, ou de suppurations étendues; en cas de tuberculose, il applique rigoureusement les dispositions de l'arrêté du Ministre de l'griculture du 26 septembre 1896; il estampille les quartiers agréés.

Lorsque les viandes sont transportées de l'abattoir municipal, ce transport devra être effectué dans des voitures closes pourvues d'un revêtement métallique intérieur, toujours maintenues en parfait état de propreté; les quartiers y seront suspendus et non entassés les uns sur les autres.

Le fournisseur ne peut mettre obstacle aux mesures prescrites par l'autorité militaire en vue de s'assurer que les animaux présentent les conditions voulues et que la viande affectée à la fabrication provient bien des animaux examinés.

Les animaux ou quartiers rebutés reconnus simplement impropres, mais non dangereux, devront être enlevés le jour même après autorisation écrite du vétérinaire qui les estampillera de la marque R. Ceux reconnus dangereux ou simplement malsains seront marqués de la lettre D et signalés à l'autorité municipale, qui prendra à l'égard de ces viandes toutes mesures que de droit. En attendant, l'entrepreneur devra les faire enlever immédiatement de l'usine.

Les ouvriers employés par le fournisseur doivent être Français ou naturalisés Français. Toute infraction à cette prescription sera punie d'une amende de 50 francs la première fois et de 100 francs la seconde fois. A la troisième infraction, il peut être fait application des dispositions de l'article 9 ci-après.

De même, en cas de rejet de viande sur pied par le vétérinaire militaire chargé de l'examen des animaux, le fournisseur soupçonné de mauvaise foi ou de négligence subira la première fois une amende de 50 francs, et de 100 francs la deuxième fois; au troisième rejet, il pourra être fait application des dispositions de l'article 9 ci-après (résiliation).

Un état nominatif des contremaîtres et ouvriers employés normalement dans les usines de fabrication, avec mention de leur situation militaire et de leur domicile, sera produit par les fournisseurs.

Ce personnel sera immatriculé dans les diverses sections de commis et ouvriers militaires d'administration et réparti pour ordre, dès le temps de paix, entre les diverses usines qui devront fabriquer pour l'armée en cas de mobilisation, chaque usine conservant autant que possible son personnel du temps de paix.

Livraisons.

Art. 7. Les livraisons auront lieu au rez-de-chaussée de l'établissement militaire choisi par l'adjudicataire. Pour les conserves coloniales, à Billancourt et à Marseille. Tous les frais de transport jusqu'à l'intérieur de l'établissement sont à la charge des fournisseurs.

Les livraisons seront effectuées :

Pour les conserves françaises, algériennes ou tunisiennes :

Le premier quart de la fourniture pour le 15 décembre 1900 au plus tard;

Le deuxième quart de la fourniture pour le 1er février 1901 au plus tard;

Le troisième quart de la fourniture pour le 15 mars 1901 au plus tard;

Le quatrième quart de la fourniture pour le 15 mai 1901 au plus tard.

Pour les conserves coloniales :

Le premier quart de la fourniture pour le 15 octobre 1901 au plus tard;

Le second quart de la fourniture pour le 15 décembre 1901 au plus tard;

Le troisième quart de la fourniture pour le 15 février 1902 au plus tard;

Le quatrième quart de la fourniture pour le 15 avril 1902 au plus tard.

Si les moyens d'emmagasinement n'y mettent point obstacle, ce dont l'administration militaire reste seule juge, le fournisseur peut être admis à effectuer les livraisons au fur et à mesure de la fabrication.

D'un autre côté, un sursis peut lui être accordé s'il justifie de cas d'empêchement par force majeure ou d'événements fortuits dans les conditions indiquées par l'article 10.

Il est accordé une tolérance de 1 p. 100 en plus ou en moins sur les quantités formant la fourniture, et le fournisseur sera payé du montant exact des livraisons effectuées.

Réceptions.

Art. 8. Les fournitures sont prises en charge par l'officier d'administration comptable de l'établissement où se fait la livraison. Elles sont examinées par une commission que préside un officier supérieur des corps de troupe.

La commission, qui comprend de droit, en outre des autres membres, un médecin et un pharmacien militaires chargés des examens chimiques, vérifie si les conserves présentées en livraison sont exactement conformes aux conditions du cahier des charges.

Les expertises de réception viseront :

1° L'étamage et la soudure des boîtes;

2° La composition chimique du bouillon;

3° La bonne préparation et la parfaite stérilisation de la conserve.

Les experts vérifieront, en outre, si le parage de la viande a été convenablement exécuté.

Les opérations de réception des quantités de conserves présentées en livraison doivent être terminées dans les trente jours qui suivent celui du dépôt dans l'établissement militaire choisi.

Le fournisseur peut assister aux opérations de la commission ou s'y faire représenter par un mandataire accrédité.

Les boîtes bombées, percées ou présentant d'autres traces extérieures d'avaries sont refusées à première vue. Il est examiné ensuite un certain nombre de boîtes prélevées au choix du réceptionnaire et jusqu'à concurrence de 2 p. 100 (1), afin de vérifier si le contenu satisfait aux conditions du présent cahier des charges.

L'état des caisses et l'emballage des boîtes sont vérifiés avec soin par l'officier d'administration de l'établissement réceptionnaire.

Les boîtes ouvertes pour les épreuves de réception sont comprises dans la fourniture si celle-ci est admise, et au même poids que le reste de la livraison. Si la fourniture est refusée, la valeur des boîtes ouvertes n'est pas remboursée au fournisseur.

Si la commission estime que les fournitures présentées ne remplissent pas toutes les conditions exigées par le présent cahier des charges, elle les refuse ; le fournisseur, s'il ne fait pas appel, est tenu de faire enlever les quantités refusées dans un délai de quarante-huit heures (2).

Le Ministre fixera la composition des commissions et désignera les experts techniques.

Les décisions des commissions sont exécutoires, sauf pourvoi du sous-intendant militaire ou du fournisseur devant la commission d'appel, dans les conditions ci-après :

Commission d'appel. — La partie qui forme pourvoi (fournisseur ou sous-intendant militaire) fait connaître par écrit, à l'autre partie, dans les quarante-huit heures qui suivent la notification de la décision de la commission de réception, les motifs et considérants sur lesquels elle se base. Le sous-intendant militaire fait déposer provisoirement les denrées objet du litige dans un local distinct de l'établissement, et soumet ledit litige à une commission d'appel composée comme il suit :

---

(1) Cette quantité ne peut jamais être inférieure à 5 boîtes.

(2) Toutefois, le Ministre se réserve la faculté de faire marquer, s'il le juge convenable, soit d'un poinçon, soit de tout autre signe indélébile de refus, les boîtes rejetées définitivement ; dans ce cas, le délai d'enlèvement ne commencera qu'à partir du jour où le fournisseur sera informé qu'il doit faire enlever les boîtes refusées.

Si les boîtes ont été refusées comme dangereuses pour l'alimentation, elles seront poinçonnées et signalées à l'autorité compétente qui en prononcera, s'il y a lieu, la saisie et la destruction.

Un membre de la chambre de commerce de la circonscription où est situé l'établissement choisi comme lieu de réception et de livraison, président;

Deux membres idoines, désignés, l'un, par l'intendant militaire, directeur de l'intendance, l'autre par le fournisseur.

Le membre de la chambre de commerce, président, est désigné par le général commandant le corps d'armée, sur une liste de trois noms présentés par cette chambre pour la spécialité dont il s'agit.

Le membre idoine à désigner par le fournisseur ne peut être choisi que sur une liste dressée par la chambre de commerce.

Le membre idoine à désigner par l'autorité militaire peut être choisi sur la même liste, ou bien désigné parmi le personnel compétent dont dispose l'administration de la guerre.

La commission d'appel est convoquée à la diligence du sous-intendant militaire. Elle a le droit, par l'intermédiaire de son président, de demander au sous-intendant le concours de toutes les personnes qu'elle jugerait utile de consulter et de procéder à toutes les expériences nécessaires pour éclairer son jugement.

Pour ces expériences, elle prélève à son choix un nombre de boîtes qui peut s'élever jusqu'à 1 p. 100 du montant de la fourniture en litige.

Le nombre des boîtes prélevées ne peut, en aucun cas, être inférieur à cinq.

La délibération est prise à huis clos. Elle fait l'objet d'un procès-verbal dont les conclusions sont exécutoires, sauf recours du sous-intendant militaire ou du fournisseur dans un délai de quarante-huit heures comptant du lendemain du jour de la séance.

La commission d'appel fonctionne d'ailleurs conformément à l'instruction ministérielle qui a été portée, par circulaire en date du 2 juillet 1896, à la connaissance de MM. les présidents des chambres de commerce.

Cas de recours contre la décision de la commission d'appel. — En cas de recours contre la décision de la commission d'appel, deux échantillons composés chacun du nombre de boîtes que le sous-intendant militaire juge convenable, d'après l'importance de la fourniture en litige et dans la limite indiquée au paragraphe précédent, sont placés sous scellés par les soins de ce fonctionnaire, en présence du fournisseur ou de son représentant.

L'un de ces échantillons est conservé par le service intéressé ; l'autre est adressé d'urgence au Ministre, en même temps que le procès-verbal de la séance de la commission d'appel, revêtu de l'avis du sous-intendant militaire et transmis à l'intendant militaire directeur pour être envoyé avec son avis au Ministre.

La partie qui forme recours contre la décision de la commission d'appel, fournisseur ou sous-intendant, fait connaître en même temps, à l'autre partie, les motifs et considérants sur lesquels elle se base pour appuyer son recours.

Le Ministre fait procéder par telle voie et de telle façon qu'il le juge convenable à l'examen des recours. La décision qui intervient à la suite de cet examen, qui n'est pas contradictoire, est notifiée administrativement au fournisseur par le sous-intendant militaire qui en assure l'exécution. Cette décision est prise dans le plus court délai possible.

Frais d'appel. — Les dépenses occasionnées par l'appel, limitées aux indemnités de vacations, et aux frais d'analyse s'il y a lieu, sont à la charge de l'administration de la guerre ou du fournisseur proportionnellement à la valeur des quantités définitivement admises ou refusées, parmi celles ayant fait l'objet du litige.

Les frais résultant de l'examen fait des recours par le Ministre sont intégralement à la charge de l'Etat, sauf les frais d'envoi des échantillons, qui sont à la charge de la partie qui a provoqué le recours.

Remplacement des quantités refusées. — En cas de refus de tout ou partie de la fourniture présentée en livraison, que la commission d'appel ait été ou non réunie, un délai de trente jours est accordé au fournisseur pour remplacer les quantités refusées. Si le remplacement n'a pas été effectué à l'expiration de ce délai, les pénalités édictées par l'article 10 ci-après sont appliquées, et le Ministre décide s'il y a lieu de procéder à des achats par défaut ou de résilier purement et simplement le marché.

En cas de recours contre l'avis de la commission d'appel, toute mesure est suspendue jusqu'à la notification à l'intéressé de la décision ministérielle. Il est accordé un délai de trente jours (quatre mois pour les conserves coloniales) à partir du jour de ladite notification pour remplacer les quantités définitivement refusées.

Résiliation du marché.

Art. 9. L'administration a le droit de résilier le marché dans les circonstances suivantes :

1° Si les livraisons ne sont pas effectuées dans les délais voulus (le marché n'est résilié que pour les quantités restant à livrer à l'expiration de ces délais);

2° Si, dans la constitution de ses approvisionnements en viande fraîche, dans la fabrication ou les livraisons, le fournisseur est convaincu de fraude ou de mauvaise foi, et aussi s'il est reconnu que des conserves refusées ont été représentées (le marché n'est de même résilié, s'il y a lieu, que pour les quantités restant à livrer);

3° S'il est démontré que le fournisseur a agi de mauvaise foi en présentant des denrées de mauvaise qualité dans le seul but d'obtenir un délai de livraison;

4º Si l'entrepreneur se refuse à exécuter aux locaux, à l'aménagement de l'usine, à l'outillage, les améliorations ou modifications qui ont été réclamées par l'autorité administrative en conformité des obligations imposées par les articles 2 et 6 du présent cahier des charges.

Dans les cas prévus ci-dessus, et après une mise en demeure préalable, dans la forme administrative, ou, s'il s'agit de faits délictueux ou de manœuvres coupables, après une enquête administrative et contradictoire, le Ministre décide si la résiliation doit être pure et simple ou si elle doit être accompagnée de la mise à la charge de l'entrepreneur dessaisi des conséquences immédiates soit du marché par défaut, soit des mesures qui pourraient être prises pour assurer l'exécution du service.

Le Ministre se réserve les mêmes droits, s'il est établi que les faits énumérés dans le paragraphe 2º ci-dessus ont été relevés à la charge de l'entrepreneur dans l'exécution d'autres marchés.

L'entrepreneur supporte toutes les imputations pour retard ou autres prévues par le cahier des charges, jusqu'au jour exclu de la résiliation du marché.

Dans le cas de marché par défaut, si la dépense pour l'État est moindre que celle qui serait résultée de la continuation au marché, la bonification profite toujours à l'État.

Ne sont pas considérés comme retards de livraison ceux qui proviennent :

1º Des refus de denrées présentées en livraison en temps utile, pourvu que leur remplacement ait lieu dans le délai voulu;

2º De sursis accordés comme il est dit aux articles 8 et 10.

Cas spéciaux d'événements de guerre ou de mer.

Si des conserves sont perdues avant la livraison par suite d'événements de force majeure dûment constatés, le Ministre a la faculté, soit de résilier le marché pour les quantités perdues, soit d'accorder au fournisseur, pour les remplacer, un sursis dont la durée est calculée d'après le temps nécessaire pour leur fabrication et leur transport du lieu de production aux magasins destinataires.

Passé ce délai, tout retard de livraison est passible des pénalités édictées aux articles 9 et 10.

Pénalités en cas de retard dans les livraisons.

Art. 10. En cas de retard non justifié dans les livraisons, l'entrepreneur sera passible, par la seule échéance du terme et sans aucune mise en demeure préalable, d'une retenue de cinq centimes pour cent francs et par jour, pendant les trente premiers jours, et de dix centimes pour cent francs et par jour, à dater du trente et unième jour, sur la valeur des conserves livrées en retard ou non livrées, sans que la retenue totale puisse dépasser un dixième du montant de la valeur des fournitures en souffrance. Il en sera de même pour les denrées refusées qui n'auraient pas été remplacées dans les délais fixés. L'application de ces pénalités n'enlève pas à l'administration de la guerre la faculté d'exercer les droits que lui réservent les dispositions de l'article 9.

Les retards apportés à la fabrication par des cas de force majeure, ou par des événements fortuits, peuvent donner lieu à la concession de sursis, sous la condition que, dans les trois jours à partir du moment où les faits se seront produits, le fournisseur en aura donné connaissance à l'autorité administrative militaire compétente, qui devra les constater par un procès-verbal.

Il ne sera pas donné suite aux demandes de sursis qui seraient formulées après l'expiration des délais de livraison, pas plus qu'aux demandes de remise des pénalités encourues, lorsque le montant de ces pénalités aura été arrêté par le Ministre.

Le chômage des canaux et rivières canalisées étant annoncé à l'avance au public par les soins de l'administration des travaux publics, l'interruption des transports par lesdites voies, par suite dudit chômage, ne sera pas considérée comme circonstance de force majeure pouvant justifier l'inexécution des marchés dans les délais fixés.

Payement. — Cas de déchéance.

Art. 11. Le fournisseur est payé de ses livraisons sur la production d'une facture en deux expéditions, dont une timbrée. Cette facture est appuyée des pièces exigées par les règlements. Après vérification et arrêté, le sous-intendant militaire de la place de réception en ordonnance le montant en un mandat sur le Trésor, payable dans le département où se trouve cette place (1). Si la facture ne donne lieu à aucune observation, l'ordonnancement doit être fait dans les cinq jours qui en suivent le dépôt entre les mains du sous-intendant. Le fournisseur reçoit, sur sa demande, à l'expiration de chaque quinzaine, des acomptes jusqu'à concurrence des cinq sixièmes de la valeur des fournitures effectuées.

Toutes les pièces justificatives destinées à constater les créances du fournisseur doivent être produites, sous peine de déchéance, dans le délai de quarante-cinq jours, à compter de l'expiration du trimestre dans lequel les fournitures ont été effectuées. Les réclamations relatives à l'exécution du marché doivent être adressées dans le même délai, également sous peine de déchéance.

---

(1) Si l'entrepreneur demande à être payé dans un département autre que celui du lieu de réception, il peut être fait application des dispositions de la circulaire ministérielle du 12 octobre 1882.

Prix. — Charge de la fourniture.

Art. 12. Moyennant les prix stipulés au marché, sont au compte du fournisseur : tous les frais de logement, d'emballage et de transport des conserves, toutes dépenses quelconques et les pertes, déchets et avaries jusqu'à la prise en charge par l'administration militaire, ainsi que les avaries constatées pendant le délai de garantie, suivant ce qui est dit à l'article 3.

Sont également à sa charge tous les frais de timbre et d'enregistrement du marché et ceux du timbre des factures et de toutes pièces comptables.

Les droits d'octroi à percevoir sur les quantités reçues sont à la charge de l'Etat.

Le fournisseur pourra, s'il le demande, faire expédier à ses frais les boîtes avariées non trouées, sous la réserve expresse que leur transport ne constituera pas un danger pour la santé publique et qu'elles ne rentreront pas dans l'usine où elles pourraient contaminer les viandes en cours de préparation et les locaux de l'usine.

L'administration se réserve de son côté la faculté de faire analyser le nombre de boîtes avariées qu'elle jugera convenable, sans qu'il soit dû de ce fait aucune indemnité au fournisseur.

En cas de modifications dans les droits de douane, survenues même postérieurement à la date des engagements souscrits par les fournisseurs, ceux-ci ne pourront prétendre à aucune modification du prix de leur marché.

Cautionnement.

Art. 13. Pour sûreté et garantie de ses engagements, le fournisseur est tenu de réaliser, dans les cinq jours qui suivent l'approbation du marché, un cautionnement en numéraire, en rentes ou en valeurs sur l'Etat français, fixé au dixième du montant de sa fourniture.

Ce cautionnement est réalisé au titre de la Caisse des dépôts et consignations, conformément aux dispositions du décret du 18 novembre 1882 sur les adjudications et marchés passés au nom de l'Etat (art. 5 et suivants) et de l'instruction ministérielle du 31 mai 1895.

Le fournisseur peut être autorisé à remplacer le cautionnement par une affectation hypothécaire qui, bien entendu, n'est acceptée que si elle présente des garanties suffisantes.

Le cautionnement peut également être remplacé, sur la demande du fournisseur, par la retenue, faite sur la première ou sur les premières factures, de la valeur du dixième de la fourniture à effectuer.

La mainlevée du cautionnement est donnée par le Ministre de la guerre, sur la proposition du directeur de l'intendance de la région de corps d'armée où se trouve la place de livraison, savoir :

1° Pour les neuf premiers dixièmes, après l'exécution complète de la fourniture et lorsqu'il s'est écoulé un délai de six mois à partir de l'expiration du terme dans lequel la dernière livraison a été reçue;

2° Pour le dixième restant, après l'expiration du délai de garantie fixé à l'article 3 (1).

En cas de non réalisation du cautionnement dans le délai indiqué ci-dessus (date de livraison du premier quart, si le cautionnement doit être constitué par la retenue du dixième), l'administration militaire peut faire exécuter le marché par défaut ou en prononcer la résiliation; dans ce dernier cas, le fournisseur paye à l'Etat, à titre de dommages-intérêts, une somme égale à la moitié du cautionnement stipulé.

Le fournisseur peut, d'ailleurs, s'il le préfère, et pour tenir lieu de cautionnement, présenter une caution personnelle qui s'engage solidairement avec lui à l'exécution des clauses et conditions de son marché. Cette caution doit être agréée par la commission préparatoire d'admission à l'adjudication.

Domicile du fournisseur.

Art. 14. Toutes les notifications à faire au fournisseur lui sont valablement adressées au domicile dont il a fait élection dans sa soumission (annexe n° 2).

Cependant, sur sa demande écrite, ces notifications peuvent être adressées au domicile, qu'il indiquera, d'un fondé de pouvoirs régulièrement constitué.

Cas de saisie-arrêt ou d'opposition.

Art. 15. En cas de saisie-arrêt ou d'opposition sur les sommes dues aux fournisseurs, ces sommes seront versées à la Caisse des dépôts et consignations, et ce versement libérera complètement l'administration vis-à-vis au fournisseur.

Cession du marché.

Art. 16. Les fournisseurs ne pourront céder leurs marchés, en tout ou en partie, à des tiers, sans l'autorisation expresse du Ministre.

Cas de liquidation judiciaire, de faillite ou de mort du fournisseur

Art. 17. En cas de décès du fournisseur, les héritiers sont d'abord tenus, en principe, d'assurer, pour leur propre compte, l'exécution du marché pendant le terme de livraison en cours. Faute par eux de le faire, il est procédé par l'administration comme il est dit à l'article 9 ci-dessus.

---

(1) Pour faciliter la réserve du dixième, il convient, lorsque le cautionnement est réalisé en rentes ou en valeurs, que celles ci comprennent une inscription correspondant au montant de ce dixième.

Sur leur demande, ils peuvent être autorisés à continuer, pour leur compte, l'exécution complète du marché.

S'ils préfèrent se dégager de toute obligation, ils notifient, sans retard, à l'administration, l'acte de décès, et le marché se trouve résilié de plein droit à l'expiration du terme de livraison en cours.

Le Ministre se réserve, d'ailleurs, le droit de résilier le marché dès que le décès lui est officiellement connu, indépendamment de toute demande ou notification de la part des héritiers.

La faillite du fournisseur entraîne le droit de résiliation du marché, sauf le cas où les ayants cause offrent d'en continuer l'exécution et sont agréés par le Ministre.

En outre, si l'entrepreneur cesse ses payements et est admis au bénéfice de la liquidation judiciaire, telle qu'elle est réglée par la loi du 4 mars 1889, il continue l'exécution de son marché, s'il est autorisé par le tribunal à continuer l'exploitation de son commerce.

Dans le cas contraire, il est procédé comme pour la faillite.

Liquidation des créances.

Art. 18. Les décisions du Ministre portant liquidation d'une créance peuvent être réformées par lui dans le délai de deux mois, soit dans l'intérêt de l'Etat, soit dans celui des créanciers, pour causes d'erreurs matérielles, d'omissions, de faux ou doubles emplois. Lorsqu'il y a lieu à réclamation pour les causes ci-dessus, le délai de pourvoi devant le Conseil d'Etat court du jour de la notification de la décision intervenue sur ladite réclamation.

Dispositions spéciales aux conditions du travail (1).

Art. 19. Par application du décret du 10 août 1899 sur les conditions du travail dans les marchés passés au nom de l'Etat (voir annexe n° 4 ci-après), l'adjudicataire aura l'obligation :

1° De payer aux ouvriers de chaque profession un salaire égal au taux couramment appliqué dans la ville (ou dans la région);

2° De limiter la durée du travail journalier à la durée normale en usage dans ladite ville (ou région);

3° De laisser aux ouvriers un jour de repos par semaine.

L'acceptation de ces clauses par l'adjudicataire devra faire l'objet d'une mention spéciale dans son marché.

Approbation des marchés.

Art. 20. L'approbation des marchés est réservée au Ministre et sera notifiée aux adjudicataires dans un délai de trente jours au plus à partir de la date du procès-verbal d'adjudication. Les adjudicataires ne sont liés par l'adjudication que jusqu'à l'expiration de ce délai.

Paris, le 6 août 1900.

Le Ministre de la guerre,
Gal L. ANDRÉ.

---

(1) Cet article ne concerne que les fabricants de conserves françaises.

ANNEXE Nº 1.

CENTRE D'ADJUDICATION.	PLACES ET ÉTABLISSEMENTS MILITAIRES ENTRE LESQUELS LES ADJUDICATAIRES PEUVENT OPTER POUR EFFECTUER LEURS LIVRAISONS, en indiquant, dans leur soumission, la place choisie par eux.		
	Billancourt..	(Gouvernem^t militaire de Paris)......	Magasin du service des vivres
	Vincennes ...	Id.	Manutention militaire.
	Versailles ...	Id.	Id.
	St-Germain-en-Laye....	Id.	Id.
	Amiens......	(2ᵉ corps)...	Id.
	Soissons.....	(2ᵉ —)...	Annexe du service des vivres.
	Le Havre....	(3ᵉ —)...	Manutention militaire.
	Rouen.......	(3ᵉ —)...	Id.
	Vernon......	(3ᵉ —)...	Annexe du service des vivres.
	Le Mans.....	(4ᵉ —)...	Manutention militaire.
	Chartres.....	(4ᵉ —)...	Annexe du service des vivres.
	Orléans......	(5ᵉ —)...	Manutention militaire.
	Fontainebleau	(5ᵉ —)...	Annexe du service des vivres.
	Meaux.......	(5ᵉ —)...	Id.
	Auxerre	(5ᵉ —)...	Id.
	Nevers.......	(8ᵉ —)...	Manutention militaire.
	Dijon........	(8ᵉ —)...	Id.
	Chalon-sur-Saône	(8ᵉ —)...	Annexe du service des vivres.
PARIS......	Tours........	(9ᵉ —)...	Manutention militaire.
	Châteauroux.	(9ᵉ —)...	Annexe du service des vivres.
	Rennes	(10ᵉ —)...	Manutention militaire.
	Cherbourg...	(10ᵉ —)...	Id.
	Fougères	(10ᵉ —)...	Annexe du service des vivres.
	Granville....	(10ᵉ —)...	Id.
	Nantes.......	(11ᵉ —)...	Manutention militaire.
	Brest........	(11ᵉ —)...	Id.
	Vannes......	(11ᵉ —)...	Annexe du service des vivres.
	Limoges.....	(12ᵉ —)...	Manutention militaire.
	Clermont-Ferrand.......	(13ᵉ —)...	Id.
	Moulins.....	(13ᵉ —)...	Annexe du service des vivres.
	Lyon	(14ᵉ —)...	Manutention militaire.
	Chambéry ...	(14ᵉ —)...	Id.
	Marseille....	(15ᵉ —)...	Id.
	Orange	(15ᵉ —)...	Annexe du service des vivres.
	Montpellier..	(16ᵉ —)...	Manutention militaire.
	Perpignan ...	(16ᵉ —)...	Id.
	Toulouse	(17ᵉ —)...	Id.
	Montauban ..	(17ᵉ —)...	Annexe du service des vivres.
	Bordeaux....	(18ᵉ —)...	Magasin du service des vivres
	Bayonne.....	(18ᵉ —)...	Manutention militaire.
	Troyes	(20ᵉ —)...	Id.

ANNEXE N° 2.

Conditions d'admission des soumissionnaires.
Pièces à produire.

Toute personne ayant l'intention de concourir à l'adjudication adresse ou dépose entre les mains du membre technique de la commission d'adjudication (le sous-intendant militaire chargé du service des vivres à Paris), et dans le délai fixé par l'avis au public :

1° Une déclaration indiquant son intention de soumissionner, ses nom, prénoms, domicile et qualité, ses date et lieu de naissance, et spécifiant le nombre de lots pour lesquels elle demande à concourir ;

2° Une pièce constatant sa qualité de Français (par exemple, certificat de l'autorité civile constatant que l'intéressé jouit de ses droits civils et politiques, certificat d'inscription sur les listes électorales, carte d'électeur, certificat de l'autorité militaire établissant que le candidat a satisfait, en France, aux obligations de la loi sur le recrutement) ;

3° Un état indiquant les entreprises de fournitures ou de travaux pour les services publics, dont le signataire aurait été antérieurement adjudicataire, soit seul, soit en société ;

4° Si le soumissionnaire ne fournit pas un cautionnement matériel, la déclaration écrite, accompagnée de la pièce mentionnée à la rubrique 2° ci-dessus, d'une personne s'engageant solidairement avec le demandeur pour l'exécution du service à entreprendre ;

5° Un acte de notoriété passé devant notaire, attestant que les usines, ateliers, machines, ustensiles, engins et agrès nécessaires pour l'exécution de la fourniture ou du service à entreprendre appartiennentréellementen toutepropriété au demandeur. À défaut du titre de propriété, il devra fournir un bail authentique constatant que la jouissance des lieux, de la force motrice et du matériel est exclusivement réservée au locataire pour une durée non interrompue suffisante pour l'exécution complète et entière du service à entreprendre. Sera réputé non valable tout bail qui réserverait au propriétaire la faculté de résilier avant la complète exécution du service. De plus, le bailleur doit consentir expressément à la rétrocession de ses ateliers et usines à l'État, si cette condition est prévue par le cahier des charges. Cette rétrocession est réglée soit amiablement, soit par expertise contradictoire.

6° Les plans des usines et ateliers dans lesquels le demandeur se propose de fabriquer, avec l'état détaillé du conditionnement de l'outillage. Ces usines et ateliers doivent être situés sur le territoire français ; les plans et leurs annexes sont certifiés par l'architecte départemental ;

7º Une déclaration indiquant la force motrice dont chaque usine dispose.

Le membre technique de la commission d'admission donne au déposant un récépissé énumératif de toutes les pièces déposées.

Il n'y aura pas lieu d'exiger des soumissionnaires un extrait du casier judiciaire (bulletin nº 3). Mais il appartiendra aux commissions saisies de demandes formées par des particuliers en vue d'être admis à concourir à des adjudications, de réclamer, lorsqu'elles le jugeront utile, au parquet du tribunal du lieu de naissance des soumissionnaires, par application de l'article 4 de la loi du 17 juillet 1900, le bulletin nº 2 concernant les candidats sur lesquels elles croiraient devoir se renseigner.

A cet effet, les demandes d'admission à soumissionner devront toujours indiquer les lieux de naissance des candidats.

Le membre technique pourra, de sa propre initiative ou sur l'avis de la commission, demander au parquet du lieu de naissance le bulletin nº 2, en spécifiant qu'il s'agit de soumission à une adjudication publique.

Les bulletins nº 2 qui seront ainsi délivrés seront examinés par la commission d'admission dans une séance ultérieure. Les frais occasionnés par la production de ces bulletins seront supportés par l'administration.

En ce qui concerne les soumissionnaires en état de liquidation judiciaire, les commissions d'adjudication, après s'être renseignées sur les circonstances qui ont amené la liquidation judiciaire, décideront s'il y a lieu d'admettre ces soumissionnaires à concourir à l'adjudication.

Conditions d'admission particulières aux sociétés.

Les sociétés en nom collectif ou en commandite, qui veulent concourir, produisent les pièces indiquées à l'article 18 de l'instruction du 31 juillet 1889, sauf application des règles ci-dessus énoncées en ce qui concerne l'extrait du casier judiciaire.

N°   d'inscription
au procès-verbal d'adju-
dication.

MODÈLE DE SOUMISSION ET DE MARCHÉ.

Je (ou nous) soussigné (nom, prénoms ou raison sociale) demeurant à
, rue   , numéro (1),
Après avoir pris connaissance du cahier des charges en date du 6 août
1900, pour la fourniture de conserves de viandes françaises (ou coloniales)
et de ses annexes,

Déclare (ou déclarons) m' (ou nous) engager envers le Ministre de la
guerre, stipulant au nom et pour le compte de l'État :

1° A fournir la quantité de (1)   lots, comprenant (1)
quintaux métriques de conserves de viande, moyennant le prix de (1)
par quintal métrique, poids net de la tare;

2° A fabriquer lesdites conserves avec du bétail d'origine française (ou
coloniale) dans l'usine située à   , rue   , numéro (1);

3° A livrer lesdites conserves dans le magasin du service des subsistances
militaires, situé dans la place de   , les réceptions
devant avoir lieu dans ce même établissement;

4° A me (ou nous) soumettre à toutes les conditions, clauses et réserves
stipulées au cahier des charges susindiqué et à ses annexes;

5° A réaliser, dans le délai fixé par l'article 13 dudit cahier des charges,
un cautionnement en (numéraire, ou rentes, ou valeurs, etc.) s'élevant à
(ou représentant) la somme de (1)
qui correspond au 10° du montant de la fourniture, ou présenter
comme caution personnelle solidaire M   demeurant à
ou à consentir, pour tenir lieu de cautionnement, à la retenue du montant du premier dixième de la valeur de la fourniture:

6° A faire élection de domicile, pour l'exécution du présent engagement,
à   , rue   , numéro (1)

Fait à   , le (1)

(Signature.)

Après la séance d'adjudication, ajouter, s'il y a lieu, la mention sui-
vante :

En vertu des ordres qui ont été donnés, nous   sous-intendant
militaire, acceptons, sous réserve de l'approbation de M. le Ministre de la
guerre, le présent marché, pour recevoir exécution aux prix, clauses et conditions qui y sont portés.

Fait à   , le

(Signature.)

Si le marché est approuvé par le Ministre, ajouter la mention sui-
vante :

Suivant notification n°   du   de
M. l'Intendant   directeur de l'intendance de la   e région
de corps d'armée, le présent marché a été approuvé par M. le Ministre de la
guerre le (1)
    Fait à   , le (1)

Le Sous-intendant militaire,

(Signature.)

ENREGISTREMENT.

Enregistré à   , le   , folio   ,
case   . Reçu

Le Receveur de l'enregistrement et des domaines,

(Signature.)

ANNEXE Nᵒ 3.

Notice sur le mode de réception de la conserve de viande.

Dix boîtes sont examinées à la fois et fournissent les moyennes qui doivent servir de base pour l'appréciation de la conserve. Huit de ces boîtes sont employées à l'analyse quantitative de la viande, du bouillon et de la graisse ; les deux autres servent à la détermination de la qualité du bouillon (1).

Analyse quantitative de la viande, du bouillon et de la graisse.

VIANDE.

La reconnaissance du poids de la viande est faite sur huit boîtes (1). On pèse les boîtes séparément, puis on les ouvre en pratiquant, à l'aide du couteau spécial, l'incision du corps au-aessous du bourrelet d'agrafage du couvercle ; on perce un trou au centre du fond de la boîte et on expulse, en soufflant par ce trou, le bloc de la viande, qui est reçu dans une assiette. On sépare alors à la main, sans les briser, les morceaux de viande ; ceux-ci sont placés dans une passoire tarée, du modèle adopté par le ministère de la guerre. La passoire, fermée de son couvercle, est ensuite plongée dans un seau métallique d'un modèle également déterminé, contenant 20 litres a'eau à la température de 60 degrés au moment de l'immersion. Elle y est laissée cinq minutes, puis retirée et mise à égoutter au-dessus du seau, appuyée sur un croisillon mobile ; après trois minutes la passoire est placée sur le plateau d'une balance, et le poids de la viande est établi par la différence entre la tare de la passoire et le poids trouvé.

Cette opération, répétée huit fois (2), permet d'établir la moyenne du poids de la viande, que l'on calcule en inscrivant toutes les boîtes pour le poids réel de viande trouvé, sauf cependant les boîtes renfermant plus de 825 grammes, qui ne sont inscrites que pour 825 grammes.

---

(1) Si la livraison est inférieure à 1.000 boîtes, 5 boîtes seulement sont examinées · 4 servent à l'analyse quantitative et 1 à l'analyse chimique du bouillon.

(2) Il est nécessaire de réchauffer l'eau du bain après chaque dosage. A cet effet, on soutire par le robinet placé à la base du seau une certaine quantité d'eau que l'on remplace par de l'eau bouillante. Le niveau du bain doit être maintenu constant à la hauteur du trait marqué à l'intérieur du seau.

Il est également nécessaire de plonger la passoire dans l'eau très chaude après chaque dosage, et de bien l'essuyer avant l'opération suivante afin que sa tare ne soit pas modifiée par les graisses adhérentes.

EXEMPLE.

1 boîte, poids réel de viande :	835 grammes, inscrite pour	825 grammes.
2 boîtes,	—	806	—	1.612	—
4 boîtes,	—	792	—	3.168	—
1 boite,	—	824	—	824	—

POIDS TOTAL........... 6.429 —

Poids moyen de la viande : $\dfrac{6429}{8}$ = 803^{gr},625, soit 804 grammes.

Inscription pour 804 grammes.

BOUILLON ET GRAISSE ENSEMBLE.

Le poids moyen du bouillon et de la graisse réunis s'obtient en retranchant du poids brut total des huit boîtes examinées celui de ces mêmes boîtes vides, augmenté du poids réel total de la viande et en divisant par 8 la différence trouvée.

Un excédent de poids de viande peut compenser, poids pour poids, un manquant de bouillon et de graisse, mais la compensation inverse n'est pas admise.

Le poids moyen du bouillon et de la graisse n'est jamais admis pour plus de 200 grammes.

EXEMPLE.

Poids total de huit boîtes pleines........................... 9^k 896
— des mêmes boîtes vides.................. 1^k 800 } 8 178
— de la viande........................... 6 378 }

POIDS TOTAL du bouillon et de la graisse........ 1^k 718

Poids moyen du bouillon et de la graisse : $\dfrac{1^k 718}{8}$ = 214^{gr},75, soit 215 grammes.

Inscription pour 200 grammes.

GRAISSE.

Le dosage de la graisse libre de bouillon se fait de la façon suivante : après l'immersion consécutive de la viande de huit boîtes, on laisse refroidir complètement l'eau du bain, que l'on soutire au moyen du robinet fixé à la base du seau. La graisse solidifiée se dépose à la surface d'un tamis taré placé au fond de l'appareil, et il ne reste plus qu'à peser ce tamis pour trouver le poids de la graisse des huit boîtes examinées. La division par 8 du poids trouvé donne le poids moyen de la graisse.

Ce poids moyen ne doit pas excéder 60 grammes.

Décompte des livraisons d'après les poids moyens trouvés :

1° Si le poids moyen de la viande, ajouté au poids moyen du bouillon et de la graisse, donne un total égal ou supérieur à 1 kilogramme, la fourniture est reçue au taux de 1 kilogramme par boîte;

2º Si ce poids moyen est inférieur à 1 kilogramme, mais égal ou supérieur à 975 grammes, le fournisseur subit une retenue de $\frac{1}{1000}$ du prix d'achat par gramme de conserve manquant;

3º S'il est inférieur à 975 grammes, la livraison est refusée.

EXEMPLES.

1º Poids moyen de la viande : 804 grammes, inscrit pour   804 grammes.
— du bouillon et de la graisse : 215 gram-
mes, inscrit pour..................... 200

ENSEMBLE............... 1.004 grammes.

Réception pour 1 kilogramme.

2º

Poids moyen de la viande : 777 grammes, inscrit pour   777 grammes.
— du bouillon et de la graisse : 215 gram-
mes, inscrit pour..................... 200

ENSEMBLE............ 977 grammes.

Réception avec retenue des $\frac{23}{1000}$ du prix d'achat.

Poids moyen de la viande : 804 grammes, inscrit pour   804 grammes.
— du bouillon et de la graisse : 173 gram-
mes, inscrit pour.................. 173

ENSEMBLE......... 977 grammes.

Réception avec retenue des $\frac{23}{1000}$ du prix d'achat.

3º

Poids moyen de la viande : 772 grammes, inscrit pour   772 grammes.
— du bouillon et de la graisse : 228 gram-
mes, inscrit pour.................. 200

ENSEMBLE......... 972 grammes.

Livraison refusée.

Poids moyen de la viande : 804 grammes, inscrit pour   804 grammes.
— du bouillon et de la graisse : 168 gram-
mes, inscrit pour.................. 168

ENSEMBLE......... 972 grammes.

Livraison refusée.

ANNEXE N° 4.

Le Président de la République française,

Sur le rapport du Ministre des finances et du Ministre du commerce, de l'industrie, des postes et des télégraphes.

Vu la loi du 31 janvier 1833, en son article 12 : « Une ordonnance royale réglera les formalités à suivre à l'avenir dans tous les marchés passés au nom de l'Etat » ;

Vu le décret du 18 novembre 1882, relatif aux adjudications et aux marchés passés au nom de l'Etat;

Le Conseil d'Etat entendu :

Décrète :

Art. 1er. Les cahiers des charges des marchés de travaux publics ou de fournitures passés au nom de l'Etat, par adjudication ou de gré à gré, devront contenir des clauses par lesquelles l'entrepreneur s'engagera à observer les conditions suivantes en ce qui concerne la main-d'œuvre de ces travaux ou fournitures dans les chantiers ou ateliers organisés ou fonctionnant en vue de l'exécution du marché :

1° Assurer aux ouvriers et employés un jour de repos par semaine;

2° N'employer d'ouvriers étrangers que dans une proportion fixée par l'administration selon la nature des travaux et la région où ils sont exécutés;

3° Payer aux ouvriers un salaire normal égal, pour chaque profession et, dans chaque profession, pour chaque catégorie d'ouvriers au taux couramment appliqué dans la ville ou la région où le travail est exécuté;

4° Limiter la durée du travail journalier à la durée normale du travail en usage, pour chaque catégorie, dans ladite ville ou région.

En cas de nécessité absolue, l'entrepreneur pourra, avec l'autorisation expresse et spéciale de l'administration, déroger aux clauses prévues aux paragraphes 1° et 4° du présent article. Les heures supplémentaires de travail ainsi faites par les ouvriers donneront lieu à une majoration de salaire dont le taux sera fixé par le cahier des charges.

Dans les cas prévus à l'article 18, paragraphes 3 et 5, du décret du 18 novembre 1882, l'insertion des clauses et conditions ci-dessus énoncées sera facultative.

Art. 2. L'entrepreneur ne pourra céder à des sous-traitants aucune partie de son entreprise, à moins d'obtenir l'autorisation expresse de l'administration et sous la condition de rester personnellement responsable tant envers l'administration que vis-à-vis des ouvriers et des tiers.

Une clause du cahier des charges rappellera l'interdiction du marchandage telle qu'elle résulte du décret du 2 mars 1848 et de l'arrêté du gouvernement du 21 mars 1848.

Art. 3. La constatation ou la vérification du taux normal et courant des salaires et de la durée normale et courante de la journée de travail sera faite par les soins de l'administration, qui devra :

1° Se référer, autant que possible, aux accords entre les syndicats patronaux et ouvriers de la localité ou de la région;

2° A défaut de cette entente, provoquer l'avis de commissions mixtes composées en nombre égal de patrons et d'ouvriers et, en outre, se munir de tous renseignements utiles auprès des syndicats professionnels, conseils de prud'hommes, ingénieurs, architectes départementaux et communaux et autres personnes compétentes.

Les bordereaux résultant de cette constatation devront être joints à chaque cahier des charges, sauf dans les cas d'impossibilité matérielle. Ils seront affichés dans les chantiers ou ateliers où les travaux sont exécutés. Ils pourront être revisés, sur la demande des patrons ou des ouvriers, lorsque des variations dans le taux des salaires ou la durée du travail journalier auront reçu une application générale dans l'industrie en cause.

Cette revision sera faite dans les conditions indiquées sous les numéros 1° et 2° du présent article. Une revision correspondante des prix du marché pourra être réclamée par l'entrepreneur ou effectuée d'office par l'administration, quand les variations ainsi constatées dans le taux des salaires ou la durée du travail journalier dépasseront les limites déterminées par le cahier des charges.

Lorsque l'entrepreneur aura à employer des ouvriers que leurs aptitudes physiques mettent dans une condition d'infériorité notoire sur les ouvriers de la même catégorie, il pourra leur appliquer exceptionnellement un salaire inférieur au salaire normal. La proportion maxima de ces ouvriers par rapport au total des ouvriers de la catégorie et le maximum de la réduction possible de leurs salaires seront fixés par le cahier des charges.

Art. 4. Le cahier des charges stipulera que l'administration, si elle constate une différence entre le salaire payé aux ouvriers et le salaire courant déterminé conformément à l'article précédent, indemnisera directement les ouvriers lésés au moyen de retenues opérées sur les sommes dues à l'entrepreneur et sur son cautionnement.

Art. 5. Lorsque des infractions réitérées aux conditions du travail auront été relevées à la charge d'un entrepreneur, le Ministre pourra, sans préjudice de l'application des sanctions habituelles prévues au cahier des charges, décider, par voie de mesure générale, de l'exclure, pour un temps déterminé ou définitivement, des marchés de son département.

Art. 6. Le Ministre des finances, le Ministre du commerce, de l'industrie, des postes et des télégraphes et tous les autres Ministres sont chargés, chacun en ce qui le concerne, de l'exécution du présent décret, qui sera publié au *Journal officiel* et inséré au *Bulletin des lois*.

Fait à Rambouillet, le 10 août 1899.

ÉMILE LOUBET.

Par le Président de la République :

Le Ministre des finances,
    J. Caillaux.

Le Ministre du commerce,
de l'industrie, des postes et des télégraphes,
A. Millerand.

Paris et Limoges. — Imprimerie militaire Henri CHARLES-LAVAUZELLE.